Beaux Meubles de Style

ESTAMPES ANCIENNES

OBJETS D'ART

TAPIS D'ORIENT

COMMISSAIRE-PRISEUR

Mᵉ F. LAIR=DUBREUIL

EXPERTS

MM. PAULME & B. LASQUIN Fils

CATALOGUE

DES

BEAUX MEUBLES DE STYLE

ESTAMPES ANCIENNES

TABLEAUX, AQUARELLES, PASTELS, DESSINS

PORCELAINES — FAIENCES

OBJETS VARIÉS

ARGENTERIE, OBJETS DE VITRINE

MEUBLES ET SIÈGES

MEUBLES ANCIENS

TENTURES — TAPIS D'ORIENT

Dont la Vente aux Enchères publiques aura lieu

HOTEL DROUOT, SALLE N° 6

LE MERCREDI 12 AVRIL 1911

A DEUX HEURES

COMMISSAIRE-PRISEUR	EXPERTS
Mᶜ **F. LAIR-DUBREUIL**	**MM. PAULME & B. LASQUIN fils**
6, rue Favart	10, rue Chauchat | 11, rue de la Grange-Batelière

EXPOSITION PUBLIQUE

Le Mardi 11 Avril 1911, de 1 heure 1/2 à 6 heures

CONDITIONS DE LA VENTE

Elle sera faite au comptant.

Les adjudicataires paieront *dix pour cent* en sus des enchères.

L'exposition mettant le public à même de se rendre compte de l'état et de la nature des objets, aucune réclamation ne sera admise une fois l'adjudication prononcée.

Paris. — Imp. de l'Art. Ch. Berger, 41, rue de la Victoire.

DÉSIGNATION

ESTAMPES ANCIENNES
TABLEAUX, AQUARELLES
PASTELS, DESSINS

ANONYME

1 — *Le Jeu de l'amour et de l'hyménée. — Le Jeu de la chouette,*

    Deux estampes anciennes coloriées, pour jeu.

ANONYME

2 — *Serment des Ultras. — Réception d'un chevalier de l'Éteignoir.*

    Deux pièces anciennes : lithographie et gravure coloriée.

BASSET (Chez)

3 — *Fête du 14 Juillet an IX. Vue des trois théâtres construits aux Champs-Élysées dans le carré Marigny.*

    Estampe ancienne. Très belle épreuve coloriée. Marge. Rare.

BAUDOUIN (D'après)

4 — *Ji vais (sic).*

Estampe ancienne, gravée par L. MARIN (BONNET).

Belle épreuve imprimée en couleur. Marge.

CASENAVE

5 — *Jugement de Marie-Antoinette d'Autriche, au tribunal révolutionnaire.*

Estampe ancienne en couleur, d'après BOUILLON.

CHALLIOU (Chez)

6 — *La Curieuse aperçue.*

Gravure en couleur sur médaillon rond. Épreuve ancienne avec marge.

DOWMAN (D'après)

7 — *Portraits de Mrs Carnac et de Mrs Mary Wells.*

Gravures sur parchemin, rehaussées. Épreuves modernes.

GREUZE (D'après)

8 — *La Leçon de l'amour.*

Estampe ancienne. Très belle épreuve en noir, avant toute lettre. Marge.

HUET (D'après)

9 — *L'Amant écouté*, par Bonnet.

> Très belle épreuve imprimée en couleurs.
> Cadre ancien.

JANINET

10 — *Mademoiselle du T***.*

> Estampe ovale, d'après Lemoine. Très belle et fraîche épreuve ancienne, imprimée en couleur, sur l'encadrement teinté.
> Cadre et baguette Louis XVI.

MARCHAND-DUBREUIL (Imprimerie)

11 — *Placard réclame : Dépôt d'eau de Cologne, de Jean-Marie Farina.*

> Estampe ancienne. Pièce curieuse. Coloriée.

MOREAU LE JEUNE (D'après)

12 — *Couronnement de Voltaire.*

> Estampe ancienne, gravée par Gaucher. Belle épreuve en noir, avec marge.

NAUDET (Dessiné par)

13 — *Vue de la salle de Walse aux fêtes du 14 Juillet et 1ᵉʳ vendémiaire an X.*

> Estampe ancienne. Belle épreuve coloriée. Marge.

OPIE (D'après J.)

14 — *La Fille malade d'amour ou le Médecin embarrassé.*

Estampe ancienne anglaise, par WARD. Belle épreuve en manière noire.

REYNOLDS (D'après)

15 — *Guirl and Kitten.*

Gravure au pointillé, par W. Senus.
Cadre baguette Louis XVI.

REYNOLDS (D'après)

16 — *Portrait d'Angelica Kauffmann.*

Gravure à la sanguine. Épreuve moderne.

SAINT-AUBIN (A. DE)

17 — *Au moins soyez discret. — Comptez sur mes serments.*

Deux estampes en noir faisant pendants, avec l'adresse de *Berthet, rue Charretière, n° 9, près la place Cambra..*
Très belles épreuves avec grandes marges.

SERGENT (Par et d'après)

18 — *The Day's Folly.*

Estampe ancienne en médaillon rond, en couleurs.
Très belle épreuve avec marge.

VAN SCHUPPEN

19 — *Le Véritable Portrait de la bienheureuse Marguerite de Lorraine.*

    Estampe ancienne.
    Belle épreuve en noir, petite marge.

WHEATTY

20 — *Éloïse méditant.*

    Gravure à la sanguine.
    Épreuve moderne.

21 — Deux petites gravures rondes encadrées : *Les Adieux de Louis XVI à sa famille. — Marie-Antoinette au Temple.*

22 — Gravure à transformation : le Christ, la Vierge, la Mort.

23 — Trois pièces sous verre : aquarelle et deux gravures, d'après Debucourt.

CAYRON (Jules)

24 — *La Harpe.*

    Dessin rehaussé.

CAYRON (Jules)

25 — *Le Parfum.*

    Dessin rehaussé.

COIGNARD (Gaston)

26 — *Le Départ pour le labour*.

Toile. Signée.

CRAFTY

27 — *Cavalier et Amazone*.

Petite aquarelle.

DUROZIER

28 — *Portrait de Femme*.

Pastel. Signé et daté.

ÉCOLE FRANÇAISE (xviiie siècle)

29 — *Portrait de Dominique-François Séra-phin*.

Pastel.

ÉCOLE MODERNE

30 — *Sous bois*.

Toile.

ÉCOLE MODERNE

31 — *Jeune Femme à sa toilette*.

Aquarelle rehaussée de gouache.

GUILBERT

32 — *Chiffre de Mariage.*

> Dessin aquarellé. Signé : *Guilbert, 1821.*

LE GROS

33 — *Portrait d'Homme oriental, coiffé d'un turban.*

> Dessin ovale, rehaussé de gouache. Signé et daté : *1819.*

PICABIA

34 — *Porte de Villeneuve-sur-Yonne.*

> Dessin au crayon. Signé et daté ; *1907.*

PORCELAINES, FAIENCES
VERRERIE

35 — Service de table en porcelaine de Limoges.

36 — Service en verrerie.

37 — Compotier et cinq assiettes en porcelaine barbeau.

38 — Paire de petits souliers en ancienne faïence décorée.

39 — Coupe sur piédouche adhérent en porcelaine tendre, décor de médaillons à paysages sur fond jaune.

40 — Groupe de deux personnages : Jeune garçon et fillette, en ancien biscuit.

41 — Beurrier, forme poisson sur présentoir en porcelaine décorée.

42 — Deux statuettes de paysannes en porcelaine décorée.

43 — Deux assiettes remplies de fruits et fleurs simulés sur des assiettes à marli ajouré en ancienne porcelaine de Saxe au point.

44 — Service à thé, comprenant dix tasses et soucoupes, théière, sucrier et bol, en porcelaine de Sèvres, décor fond vert uni, frises en dorures.

45 — Statuette de bergère tenant des fleurs dans son tablier, debout sur une terrasse à rocailles, et agneau. Porcelaine de Saxe.

46 — Cruche à anse en ancien grès allemand, décor de médaillons en bas-relief.

47 — Pot en ancienne porcelaine de Chine, décorée en dorure sur fond bleu poudré.

48 — Cache-pot-jardinière en ancienne porcelaine de Chine. Décor de paysages maritimes en bleu.

49 — Ecuelle avec plateau et couvercle en ancienne porcelaine tendre de Sèvres, décor de bouquets de fleurs dans des encadrements à hachures en bleu et or.

50 — Pot à fard en ancienne porcelaine, décoré de fleurs.

OBJETS DE VITRINE

51 — Statuette de divinité bouddhique en bronze.

52 — Collection de coqs et cadrans de montres des xviie et xviiie siècles : cinquante-quatre pièces, montées sur fond de drap rouge.

53 — Coffret à tiroirs et compartiments renfermant des boîtes variées de forme et de grandeur, à décor de gravures collées sur fond vernis rouge. xviiie siècle.

54 — Miniature ovale : Portrait de femme Louis XVI, cadre à chevalet en bronze.

55 — Miniature ovale, par LAGRENÉE : Portrait d'homme, signée. Cadre en citronnier. Époque Restauration.

56 — Miniature rectangulaire, par Madame APPERT née LAIR, signée et datée : *1831* : Portrait de femme. Cadre en citronnier. Époque Restauration.

57 — Miniature ronde : Portrait de femme, en robe rouge décolletée, un voile sur la tête. Époque Empire.

58 — Miniature ovale : Portrait d'un officier.

59 — Flacon-cachet fait d'une statuette en porcelaine de Saxe décorée en couleurs. Armoiries gravées en intaille.

60 — Étui-souvenir en nacre, orné sur une face d'une mongolfière et sur l'autre d'une miniatute fixée sous verre.

61 — Trois éventails à feuilles gravées, de la période révolutionnaire.

62 — Drageoir en ancienne porcelaine de Saxe, fait d'une tête de chien bull, décor naturel. Le couvercle orné sur ses deux faces de sujets Watteau ; monture or.

63 — Autre drageoir en ancienne porcelaine de Saxe, fait d'une tête de chat ; couvercle décoré de fleurs et devise : *Garde-le avec mon souvenir*. Monture or.

64 — Boîte à deux tabacs en ancienne émail de Saxe, décor en couleurs. Sujets mythologiques ; au revers des couvercles, : Portraits de femmes. Monture or ciselé à charnière enrichie de coquilles rocailles, et feuillages.

Haut., 67 millim.

ARGENTERIE

65 — Écrin, contenant une douzaine de four-
chettes, une douzaine de grands couteaux,
douze cuillères à café, une pelle à fraises,
une cuillère à sucre en poudre, un couvert
à salade, une cuillère à moutarde, quatre
pelles à sel. Argent. Style Louis XV.

66 — Coffret, contenant : douze grands couverts,
douze grands couteaux, douze couverts à en-
tremet, vingt-quatre couteaux à dessert dont
douze à lame d'argent, cinq pièces à hors-
d'œuvre, truelle à poisson, une louche ; cuillères à ragout, une pince à asperges et deux
services à découper. Argent. Style Louis XV.

OBJETS VARIÉS

67 — Fragment de papier peint avec emblème et inscription révolutionnaire.

68 — Applique en bois sculpté : oiseaux morts,

69 — Petit buste de Louis XIV en terre cuite.

70 — Seau à biscuit avec couvercle-loterie en verre et monture de cuivre doré.

71 — Ménagère à quatre flacons en. verre doré, sur monture en étain découpé, peint et doré.

72 — Petit modèle de lit en acajou, garni d'étoffe rayée et brochée.

73 — Divinité hindoue en bois sculpté.

74 — Six petites cuillères en nacre gravée, à palmettes. Écrin en maroquin rouge. Époque Restauration.

75 — Buste de Louis XIV en marbre blanc.

BRONZES

76 — Devant de feu, monture bronze doré. Style Louis XVI.

77 — Quatre lampes électriques en cuivre.

78 — Trois appliques électriques en cuivre.

79 — Trois appliques bronze, style Louis XVI, à trois lumières.

80 — Deux autres à deux lumières et applique cuivre.

81 — Lustre en cuivre poli, à seize lumières électriques.

82 — Petit plafonnier en bronze doré et perlés de cristaux. Style Louis XVI.

83 — Petit lustre en cuivre, à cinq lumières électriques.

84 — Lustre en bronze doré, à vingt-quatre lumières électriques.

85 — Appareil d'éclairage en bronze ciselé doré, style Louis XV, à sept lumières électriques.

86 — Lustre, style Empire, en bronze ciselé doré,
à six lumières électriques.

87 — Plafonnier, style Louis XVI, en bronze
doré et perlés en cristaux.

MEUBLES ET SIÈGES

88 — Petit écran en noyer, feuille en soie bleue.

89 — Encoignure Louis XV en noyer, dessus
de marbre.

90 — Petit secrétaire en marqueterie de bois et
filets cuivre; dessus en marbre rouge.

91 — Petite bibliothèque, style anglais, en acajou, filets cuivre, portes grillagées sur les
côtés.

92 — Table à thé en acajou et filets cuivre. Style
anglais.

93 — Petit bureau, style anglais, en acajou et
filets cuivre, à tiroirs sur les côtés.

94 — Paravent, style Louis XVI, en bois sculpté doré, à trois feuilles, soierie brochée fond gris perle à fleurettes. La feuille du centre surmontée d'un miroir ovale biseauté et les deux autres de petits carreaux de verre.

95 — Table-servante à coulisses en noyer sculpté. Style Louis XIII.

96 — Table à jeux, style Louis XV, en palissandre et marqueterie de bois de couleurs, ornements en bronze.

97 — Table de milieu à quatre faces, style Régence, en acajou : chutes, mascarons à têtes d'hommes et sabots en bronze ciselé et doré. Dessus en marbre brèche d'Alep.

98 — Table de salon, style Louis XVI, en bois sculpté doré, pieds à croisillons. Dessus en onyx.

99 — Petite table ovale, style Louis XVI, bois sculpté doré, pieds à croisillons. Dessus en marbre.

100 — Grand bureau, style anglais, en acajou, filets cuivre; dessus en maroquin vert foncé.

101 — Grande armoire, style Louis XVI, à trois portes à glaces biseautées, en bois peint blanc.

102 — Chiffonnier, de même style, en bois laqué.

103 — Table-toilette, de même style, en bois laqué.

104 — Table de nuit, de même style, en bois laqué.

105 — Deux petites tables bois peint blanc.

106 — Piano demi-queue de Herz en palissandre.

107 — Bel ameublement de salle à manger, style Louis XV, en noyer finement sculpté, composé de : un buffet-argentier à deux corps entièrement vitré, ouvrant à quatre portes ; un buffet à hauteur d'appui, ouvrant à deux portes semblables. Dessus de marbre ; une table pieds à entrejambes (avec allonges) ; huit chaises, garnies en imitation de tapisserie d'Aubusson.

108 — Grande vitrine, style Louis XVI, ouvrant à 3 portes vitrées, en acajou et marqueterie de bois de couleur, ornements de bronzes

finement ciselés et dorés. Dessus marbre brèche d'Alep.

109 — Bahut, formant coffre à bois, en chêne sculpté. Ancien travail hollandais.

110 — Grande armoire, ouvrant à deux portes pleines, en chêne sculpté. Travail hollandais du xviii° siècle.

111 — Secrétaire droit à abattant, tiroir et portes en marqueterie de bois de placage. Dessus de marbre. Époque Louis XVI.

112 — Grande glace ovale biseautée, cadre en bronze doré. Style Louis XVI.

113 — Bergère en acajou, commencement du xix° siècle, garnie en velours rouge.

114 — Banquette en chêne sculpté, couverte en brocart, à décor d'arabesques et de fleurs.

115 — Fauteuil, garni en soierie brochée à fleurs et feuillages.

116 — Canapé et chaise en bois peint blanc.

117 — Chaise-longue, garnie en lampas bleu clair.

118 — Deux petites chaises légères, style Louis XVI, bois peint blanc, garnies en lampas bleu clair.

119 — Chaise-longue en trois parties, style Louis XVI, bois sculpté, doré et canné.

120 — Mobilier de bureau, garni en maroquin marron clair, composé de : un canapé et trois fauteuils.

121 — Deux fauteuils-bascules en noyer, garnis en cuir gaufré (arabesques et personnages).

122 — Canapé, deux fauteuils, deux chaises légères en acajou, filets cuivre, garnis en soierie brochée à semis de fleurs. Style anglais.

123 — Deux bergères cannées, style Louis XVI, en acajou et ornements de bronzes dorés.

124 — Bel ameublement de salon, style Louis XVI, bois sculpté doré, garni en soierie brochée fond crème à bouquets de fleurs, composé de : un canapé, deux bergères, deux fauteuils, deux chaises légères.

125 — Petite marquise, style Louis XVI, bois
sculpté doré, garnie en soierie brochée, fond
gris perle à fleurettes.

TENTURES, TAPIS D'ORIENT

126 — Quatre panneaux en toile peinte, à figu-
res. Extrême-Orient.

127 — Dessus de meuble en brocart, décor
d'arabesques et oiseaux.

128 — Garniture de fenêtre en damas de soie
chaudron.

129 — Cantonnière en reps vert d'eau, avec
galerie noyer sculpté. Style Louis XV.

130 — Deux garnitures de fenêtres en soie verte.

131 — Garniture de fenêtre et portière en soie
rose.

132 — Deux garnitures de fenêtres soie bleu
ciel.

133 — Grande carpette orientale fond vert d'eau, décor polychrome.

134 à 139 — Six petites carpettes orientales de différentes grandeurs.

140 — Tapis moquette grise.

141 à 147 — Sept tapis d'Orient, à décors variés.

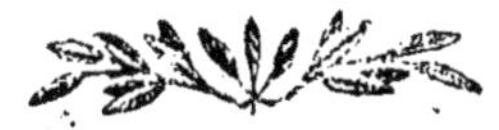